ARLEQUIN

JOURNALISTE,

COMÉDIE

EN UN ACTE, EN PROSE,

MÊLÉE DE VAUDEVILLES,

Par les CC. D***, EM. DUPATY et CHAZET,

Représentée, pour la première fois, sur le Théâtre du Vaudeville, le 22 Frimaire, an 6.

Prix 1 Franc 50 centim. avec la Musique.

PARIS,

Chez le Libraire au Théâtre du Vaudeville.

A l'Imprimerie rue des Droits-de-l'Homme, N°. 44.

An VIe.

PERSONNAGES.	ARTISTES CC. et C^{nes}.

PERSONNAGES.	ARTISTES CC. et Cnes.
LA RONDE, Ecrivain public.	Chapelle.
DELPHINE, sa fille.	Sara Lescot.
ARLEQUIN.	Laporte.
GILLES.	Carpentier.
BALOURD, Auteur.	Rosières.
L'IMPRIMEUR.	Fichet.
LE PROTE.	Tiphaine.
DEUX COLPORTEURS.	{ Le Noble. { Clairville.

La Scène est à Paris.

ARLEQUIN

JOURNALISTE,

COMÉDIE.

Le Théâtre représente, à droite, l'échoppe et la maison de La Ronde ; à gauche, l'imprimerie du Journal l'Original.

SCENE PREMIERE.

DEUX COLPORTEURS. *Le premier sort de l'imprimerie ; l'autre vient par le fond.*

LES DEUX COLPORTEURS.

Achetez du nouveau ! achetez!

Ier. COLPORTEUR.

Ah ! c'est toi ?

AIR : *De la Boulangère.*

Allons, courons, amis, courons,
La vitesse est utile.
Plus nous irons, plus nous vendrons.
Courons d'un pas agile
Pour vendre nos journaux ; courons,
Courons toute la ville,
Courons,
Courons toute la ville.

A 2

I Iᵉ. COLPORTEUR.

Pour tous les goûts j'ai des journaux,
　　Ainsi que des nouvelles ;
Car nous savons faire à propos
　　De nouvelles nouvelles ,
Et même nous donnons jusqu'aux,
　　Jusqu'aux vieilles nouvelles ,
　　　Jusqu'aux ,
　Jusqu'anx vieilles nouvelles.

Iᵉʳ. COLPORTEUR.

Prônons bien fort tous nos journaux,
　　Déjà plus d'un chancelle ;
Je crains sur-tout pour les nouveaux,...
　　Dans la saison nouvelle ,
On voit souvent tomber jusqu'aux,
　　Jusqu'aux feuilles nouvelles ,
　　　Jusqu'aux ,
　Jusqu'aux feuilles nouvelles.

I Iᵉ. COLPORTRUR.

Voici du nouveau ; achetez !

Iᵉʳ. COLPORTEUR.

Les tiens ne sont pas bons.

I Iᵉ. COLPORTEUR.

Les tiens ne valent rien.

Iᵉʳ. COLPORTEUR.

Les tiens sont mauvais.

TOUS DEUX.

Je te dis que si ; je te dis que non.... Achetez !....
achetez !...

Iᵉʳ. COLPORTEUR.

AIR : *Du petit Matelot.*

Voici l'étonnante *Trompette* ,

I Iᵉ. COLPORTEUR.

Qui ne fait pas le moindre bruit,

Ier. C O L P O R T E U R.

Puis , voici l'*Echo*....

I Ie. C O L P O R T E U R.

      Qui répète

Ce que personne n'a dit. (*bis*.)

Ier. C O L P O R T E U R.

L'*Observateur* !

I Ie. C O L P O R T E U R.

       Qui n'y voit goutte.

Ier. C O L P O R T E U R.

La *Balance* !

I Ie. C O L P O R T E U R.

      Un peu de côté.

Ier. C O L P O R T E U R.

Le *Tableau* !

I Ie. C O L P O R T E U R.

      Ce n'est qu'une croûte.

Ier. C O L P O R T E U R.

Et le *Postillon* !

I Ie. C O L P O L T E U R.

      Mal monté. (*bis*.)

D E U X I È M E C O U P L E T.

Même Air.

Ier. C O L P O R T E U R.

J'ai le *Courier*....

I Ie. C O L P O R T E U R.

      Qui reste en place.

Ier. C O L P O R T E U R.

Le *Fanal* !

I Ie. C O L P O R T E U R.

     Il est un peu noir.

Ier. C O L P O R T E U R.

J'ai le *Thermomètre* !

       A 3

IIe. COLPORTEUR.

A la glace.

Ier. COLPORTEUR.

Le *Point du Jour !*

IIe COLPORTEUR.

Qu'on voit le soir. (*bis.*)

Ier. COLPORTEUR.

Le *Mercure !*

IIe. COLPORTEUR.

Qui bat d'une aîle.

Ier. COLPORTEUR.

L'*Esprit des Journaux* !

IIe. COLPORTEUR.

Sans esprit.

Ier. COLPORTEUR.

Puis, le *Rapporteur !*

IIe. COLPOLTEUR.

Peu fidèle.

Ier. COLPORTEUR.

Enfin *l'Acquéreur* !

IIe. COLPORTEUR.

Sans crédit. (*bis*).

Ier. COLPORTEUR.

Journaux à peine connus ; parlons des miens....

AIR : *Nous nous marirons dimanche.*

D'abord mon journal,
C'est l'Original :
Je vends aussi des *Chroniques.*
J'ai l'*Indicateur* ,
J'ai le *Narrateur.*

IIe. COLPORTEUR.

Et combien de *Véridiques* ?

Ier. COLPORTEUR.

Je n'en ai plus.... mais....

J'ai le *Frondeur* !
Quel *Raisonneur*,
Ah ! peste !
Le *Babillard* !
C'est un gaillard
Fort leste.
Puis l'*Avertisseur* !....
Encore un menteur !...
Venez m'acheter mon reste....

TOUS DEUX.

Achetez, voilà du nouveau! ...

(*Le second Colporteur sort.*)

SCENE II.

LE COLPORTEUR, DELPHINE.

LE COLPORTEUR.

IL faut que j'avertisse une petite demoiselle qui m'achète régulièrement l'Original.... Mamzelle ma pratique?

DELPHINE, *à la fenêtre.*

C'est vous ! je descends....

SCENE III.

LE COLPORTEUR, *seul.*

C'EST une jolie personne et de considération que
cette pratique-là, mamzelle Delphine La Ronde, fille
d'un écrivain public ! V'là ce qui s'appelle une famille
conséquente dans un quartier ! Son père vous a une fière
main !

SCENE IV.

LE COLPORTEUR, DELPHINE.

LE COLPORTEUR.

MAMZELLE ! v'là le journal ; il est tout frais.

DELPHINE.

Eh bien ! comment va la vente ?

LE COLPORTEUR.

Ah ! tout doucement, mamzelle ! nous ne sommes
dans le métier que depuis la paix. Ah ! que n'y étions-
nous pendant la guerre.... jarni !

AIR : *Du pas redoublé.*

Alors j'aurions vendu bien mieux,
　　Comme vous pouvez croire.
Par-tout de nos combats fameux
　　On achetait l'histoire ;
Et spéculant sur les exploits
　　Des enfans de la gloire,

J'aurions fait fortune en trois mois
A deux sous par victoire.

D'ailleurs, la vente dépend de tant de choses!..

DELPHINE.

De quoi?

LE COLPORTEUR.

Du tems qui fait, et puis du titre.... Quand il y a de
grands événemens , de grands décrets, not'bourgeois dit
qu'il y a du gain. Oh ! le titre , v'là le principal ; et
quand j'en trouvons un bon, je le commandons, queuque-
fois , pour le lendemain.... C'est ça qui fait tout...
Vous ne voulez pas d'autres journaux?

DELPHINE.

Celui-là seul m'intéresse.

LE COLPORTEUR.

Adieu , mamzelle ! v'là du nouveau ! achetez l'Original !...

(*Il sort.*)

SCENE V.

DELPHINE, *seule.*

C'EST pourtant Arlequin qui fait ce journal ; et pourquoi ! Parce qu'il sait que mon père ne veut me donner
qu'à un homme de lettres.

AIR : *Soit agréable , soit utile.*

Du choix brillant qu'on me destine,
Jaloux de mériter l'honneur ;
Pour avoir sa chère Delphine,
Mon Arlequin s'est fait auteur.
A ses prompts succès je dois croire,
Puisque je le vois en ce jour
Suivre le sentier de la gloire,
Pour voler au temple d'Amour.

Il réussira, mon Arlequin, pourvu que M. Gilles n'aille pas l'emporter sur lui auprès de mon père.

SCENE VI.

ARLEQUIN, DELPHINE.

ARLEQUIN, *sort du bureau sans voir Delphine.*

DEPUIS vingt-quatre mortelles heures, je n'ai pas vu ma bonne amie, ma chère Delphine!.... J'ai mis tout mon esprit dans le numéro d'hier; et si je ne la vois pas aujourd'hui! ah !....

DELPHINE.

Ah !....

ARLEQUIN.

Bon jour, ma bonne amie : tu tiens déjà le journal?...

DELPHINE.

Il est charmant. Comment fais-tu donc?....

ARLEQUIN.

C'est un petit revenant - bon de notre amour. Je t'aime, et me voilà tout de suite un homme.... oui, un homme de mérite.... Pourtant ton monsieur père, qui a des préjugés, ne veut pas que sa fille épouse Arlequin, parce qu'il prétend que je n'ai rien.... Il a tort.

AIR : *Décacheter sur ma porte.*

Il faut avoir quelque chose,
C'est la loi que l'on impose
A ton futur époux.
J'ai ton amour : or donc, entre nous,
Je sens que j'ai quelque chose. (*ter.*)

DELPHINE.

Mon cœur est bien à toi ; mais en sommes-nous plus avancés! qu'y gagnes-tu?

ARLEQUIN.

Comment, mademoiselle, ce que j'y gagne !

AIR : *De Joconde.*

D'abord, en gagnant ton amour,
J'ai bien gagné, ma chère ;
Mon esprit gagne chaque jour,
En gagnant l'art de plaire.
Ma plume gagne en écrivant ;
Et je pourrai, j'espère,
Gagner, en gagnant de l'argent,
L'aveu de ton chèr pere.

DELPHINE.

Mais ta fortune s'accroît-elle autant que notre amour ?...

ARLEQUIN.

Pas si vite... attendu que M. Gilles est le propriétaire de la propriété du journal, et que je n'en suis que le rédacteur.

DELPHINE.

C'est pourtant toi qui fais tout.

ARLEQUIN.

Gilles a fourni tout l'argent....

DELPHINE.

Ne fournis-tu pas tout l'esprit ?....

ARLEQUIN.

Sur ce point-là, M. Gilles ne peut pas faire de fonds ; je suis un auteur pauvre, vois-tu !... Mais lui, il ne serait jamais qu'un pauvre auteur.... Ce n'est pas qu'il ne t'aime. Oh ça !... Mais ce n'est pas d'aimer qui donne de l'esprit ; au contraire, ça rend bête.... Ce qui en donne, c'est d'être aimé : aussi....

AIR : *De la Soirée orageuse.*

Dans tes yeux j'ai puisé l'esprit :
Le doux regard d'une maîtresse,
Quand c'est le bonheur qu'on y lit,
Donne du trait, de la finesse,

Mais au moins....

Si l'esprit se prend dans tes yeux,
Lorsque l'on y voit sa conquête,
Près de toi , que Gille amoureux
Ne cesse jamais d'être bête....

D E L P H I N E. } *bis.*

Va , sois sûr que Gille amoureux
Près de moi sera toujours bête.

A R L E Q U I N.

Tu m'enchantes !... Malheureusement je n'ai encore acquis que de l'honneur , et cela ne suffit pas...

D E L P H I N E.

J'entends , je crois, mon père.

A R L E Q U I N.

Je viendrai un jour le surprendre avec un gros sac d'écus , et nous verrons s'il résistera à mes bonnes qualités.... Adieu, ma chère Delphine !

D E L P H I N E.

Rentre....

A R L E Q U I N.

Adieu.... adieu, ma charmante Ronde , ma petite bonne amie.... (*Il rentre.*)

D E L P H I N E.

Pars donc.... Le voici....

S C E N E VII.

D E L P H I N E, L A R O N D E.

L A R O N D E.

Q U E faites-vous là ?...

DELPHINE.

Je viens d'acheter le journal.

LA RONDE, *le prend.*

Et moi, je vais le lire.

AIR : *De la Baronne.*

Bonne lecture,
De tout un journal met au fait.
Plus d'un nouveau riche figure,
Sans jamais, peut-être, avoir fait
D'autre lecture.

(*A Delphine.*) Rentrez.....

DELPHINE.

Déjà....

LA RONDE.

Je vous devine. Vous ne cherchez à sortir que pour voir, M. Arlequin.... Je vous déclare que je ne souffrirai ni cet amour ni ce mariage....

DELPHINE.

Mais....

LA RONDE.

La fille de M. de La Ronde, expert dans les vérifications, ci-devant syndic de la communauté des écrivains, n'est pas faite pour épouser un homme sans état, sans fortune : cependant je veux faire ton bonheur.

AIR : *Le Port-Mahon.*

Je te promets, ma chère,
Mari
Choisi,
De sorte à te plaire,
Et digne de ton père;
Fameux par ses écrits,
Ses récits,
Son esprit,
Son crédit.
Songe qu'un écrivain
En gros ainsi qu'en fin,
Qui fait, pour tout le monde,

> Billets ,
> Placets ,
> En bâtarde, en ronde ,
> Ne peut , sans qu'on le fronde ,
> Pour l'honneur du métier ,
>   S'allier
>   Qu'à des gens
>   A talens.

Aussi je te destine au propriétaire de ce journal. Cet homme, à en juger par son ouvrage , est ce qu'il me faut.

DELPHINE.

Ciel !....

LA RONDE.

Je ne le connais pas, parce qu'il garde l'anonyme ; mais je le découvrirai ; et s'il veut de toi , c'est arrangé.... Monte.

DELPHINE.

Voulez-vous d'abord que je vous aide à ouvrir vôtre boutique ?

LA RONDE.

Qu'appelez-vous , ma boutique !.... Apprenez que la boutique d'un homme de lettres est un bureau... Mettons-nous à l'ouvrage. (*Il va ouvrir.*)

SCENE VIII.

ARLEQUIN, DELPHINE, LA RONDE, *dans son bureau.*

ARLEQUIN.

St , st, est-il parti ?.....

DELPHINE.

Vite, deux mots.

ARLEQUIN.

Quoi !

DELPHINE.

On me destine au propriétaire de ton journal....

ARLEQUIN.

Ah ! sangodémi , je n'en suis que le rédacteur.

DELPHINE.

Que faire?

ARLEQUIN.

Sait-on que Gilles est le propriétaire?

DELPHINE.

Non.

ARLEQUIN.

Tant mieux ; il me vient une idée.

DELPHINE.

Comment !

ARLEQUIN,

Je veux....

DELPHINE.

Paix. Il ouvre....

LA RONDE.

Encore ici? vous attendez sûrement que M. Arlequin vienne....

DELPHINE.

Il ne viendra pas....

ARLEQUIN.

Il est tout venu.... Il ne sait pas que je suis là.

LA RONDE.

Montez donc....

DELPHINE.

Je prends l'air.

ARLEQUIN,

Oui , l'air du bureau....

LA RONDE.

AIR : *De la Croisée.*

Vous prenez l'air ? ah ! j'y consens ;
Mais l'air est mal-sain dans la rue.

DELPHINE, *regardant Arlequin.*

C'est qu'en ces lieux, en même-tems,
On a le plaisir de la vue. . . .

LA RONDE.

Ah ! vous voulez prendre l'air et voir tout-à-la-fois.

Montez, je sais ce qu'il vous faut ;
Vous satisfaire est chose aisée.
On peut, en prenant l'air là-haut,
   Tout voir par la croisée.

ARLEQUIN, DELPHINE. } *bis.*

Montons, nous pourrons de là-haut,
   Tout voir par la croisée.

DELPHINE.

J'obéis. (*Elle rentre.*)

ARLEQUIN.

Je monte aussi.

LA RONDE.

Allez, vous serez plus commodément à la fenêtre.

ARLEQUIN.

Voilà ce qui s'appelle des attentions! . . . un père qui
est aux petits soins. (*Il rentre.*)

———————

SCENE

SCENE IX.

LA RONDE, *seul.*

GRACE à Dieu, mon état devient meilleur de jour en jour ; je n'y puis plus suffire.

AIR : *Jardinier, ne vois-tu pas.*

> Tout le jour à travailler
> Se passe et se consume ;
> A peine, dans mon métier,
> Ai–je le tems de tailler
>   Ma plume. (*ter.*)

Ce sont les pétitions sur-tout qui me font du bien ; je vis de pétitions.

AIR : *Vaud. v. d'Abuzar.*

> Celui qui ne possède rien,
> Se plaint d'un si mince partage ;
> Un autre a-t-il un peu de bien,
> Il veut en avoir davantage.
> Aussi près de nos comités,
> Des postulans la foule est grande ;
> On demande de tous côtés,
> Et voilà.... ce que je demande.

Examinons nos papiers.

SCENE X.

LA RONDE, GILLES.

GILLES.

C'EST donc ici qu'habite la maison de mademoiselle La Ronde, et cependant je ne puis jamais lui parler....

B

Elle vous a une manière si singulière de vous regarder...
qu'aussi-tôt que je m'approche d'elle, je n'ai plus la
parole à la main.... Ecrivons-lui .... Ecrire ! c'est fort
bien ; mais c'est que je ne suis fort ni sur l'écriture, ni
sur l'ortographe. .. Comment faire !... Pardi ! adressons-
nous à monsieur son père, qui est au fait de ça...

A I R : *L'acte de générosité* (de la petite Métromanie.)

> Voyons, je m'en vais lui dicter,
> Pour sa fille, un billet bien tendre;
> Il ne pourra pas se douter
> Du piège que je vais lui tendre.
> D'ailleurs, moi, puisque chacun dit
> Que c'est par les lettres qu'il brille,
> Je veux voir comment il écrit
>   Les lettres de famille.

(à *La Ronde:*) Monsieur !

LA RONDE.

Monsieur !

GILLES.

Vous êtes écrivain ?

LA RONDE.

Mon enseigne le dit.

GILLES.

Vous écrivez de tout ?

LA RONDE.

Généralement.

GILLES.

Tous les genres ?

LA RONDE.

Quelconques.

GILLES.

Je vous demanderai un billet doux.

LA RONDE.

Volontiers.

GILLES.

Ce n'est pas que je ne sache écrire ; mais je ne veux pas qu'on voye mon écriture.

LA RONDE.

Voulez-vous entrer ?

GILLES.

Je suis fort bien là.

LA RONDE.

Quelle écriture voulez-vous ?

GILLES.

Comment, laquelle !

LA RONDE.

Nous en avons de plusieurs sortes.

GILLES.

Ma foi, ça m'est égal, pourvu que ce soit de l'écriture bien écrite.

LA RONDE.

Voulez-vous de la bâtarde ?

GILLES.

Ah ça, monsieur, pas de sottise... Cet autre, avec sa bâtarde !

LA RONDE.

Aimez-vous mieux la ronde ?

GILLES.

Pardienne, si je l'aime. (*à part.*) Est-ce qu'il saurait quelque chose ?

LA RONDE.

En ce cas, je vais vous donner la ronde. Laquelle préférez-vous, la petite ou la grande ?

GILLES.

La petite ronde, s'il vous plaît ; j'aime la petite ronde à la folie.

LA RONDE.

Comme vous vous passionnez pour mon écriture.

B 2

GILLES, *à part.*

Tiens, il prend sa fille pour une écriture.

LA RONDE, *montrant un exemple.*

C'est qu'elle est bien moulée.

GILLES.

Vous avez bien travaillé ça.

LA RONDE.

Voulez-vous que je compose, ou dictez-vous?

GILLES.

Dicter ! c'est mon fort.

LA RONDE.

J'y suis.

GILLES.

Attendez que je me réveille.... C'est long à venir ; mais quand je vous tiens une fois le premier mot, je vous défile ça droit, *currente calamo.*

LA RONDE.

Y êtes-vous?

SCENE XI.

GILLES, ARLEQUIN, LA RONDE, DELPHINE.

ARLEQUIN, *à la fenêtre.*

M'y voilà....

DELPHINE, *à la fenêtre.*

Et moi aussi.

GILLES.

Une minute.

ARLEQUIN.

J'ai déjà un plan....

DELPHINE.

Quoi ?

ARLEQUIN.

Ah ! j'apperçois Gilles chez ton père.

LA RONDE.

Etes-vous prêts ?

GILLES.

Je tiens tout.

ARLEQUIN.

Il lui fait écrire une lettre.

DELPHINE.

Chut.

GILLES.

Ecrivez.... Mademoiselle.

LA RONDE.

Mademoiselle.

ARLEQUIN.

C'est pour une demoiselle.

GILLES.

De depuis l'instant fortuné, du moment ousque j'ai été assez heureux pour avoir l'agrément de vous entrevoir au petit Coblentz, je me sens, à l'encontre de vous, une passion, et comme une manière de feu qui me parcourt.

ARLEQUIN.

C'est une lettre d'amour.

LA RONDE.

Pas si vîte, on ne peut pas vous suivre.

GILLES.

Impossible d'aller plus doucement. Quand l'esprit sort de chez moi, c'est comme l'éclair.... et comme une manière de feu qui me parcourt.... Je vous prie donc de croire à l'estime proportionnée à la conséquence de vos charmes que j'ai pour vous, et dont je vous demande une réponse cathé.... cathé.... catho.... Mon dieu, que je suis bête !....

LA RONDE.

Que je suis bête !....

GILLES.

N'écrivez donc pas cela.... c'est cathé.... cathé.... ca-
thégorique , dont je vous demande une réponse cathé-
gorique , pour me déclarer à monsieur votre père avec
lequel j'ai l'honneur d'être , et cétera ... absolument à
votre service. *Gilles.*

DELPHINE.

Je crois que la lettre est pour moi.

ARLEQUIN.

Oh ! sangodémi , le coquin !

LA RONDE.

Tenez, monsieur , entre nous , votre billet n'est pas
ce qu'il y a de mieux ; je vais en dicter un autre , l'écrire,
et vous répéterez. . . .

ARLEQUIN.

Parbleu ! nous ausssi.

LA RONDE. (*Les trois autres répètent vers par vers.*)

Pour toi, du plus tendre amour,
Mon cœur brûle sans détour.
Sois sensible à ma tendressse,
Et nous pourrons , avant peu,
D'un père obtenir l'aveu
Sans user ⎱
En usant ⎰ de finesse.

LA RONDE.

Voilà bien le vrai genre de La Ronde : comme il est
attrapé !

GILLES.

Oh! comme il est attrapé!

DELPHINE.

Lui aussi est attrapé.

ARLEQUIN.

Ils sont attrapés.

LA RONDE.

L'adresse ?

GILLES.

Je m'en charge.... voilà votre argent.

LA RONDE.

Monsieur.

GILLES.

Je reprendrai ça sur la dot.

ARLEQUIN.

Ton père s'en va. Je descends pour exécuter mon dessein.

(*Arlequin et Delphine se retirent.*)

LA RONDE.

Portons en ville mes expéditions. (*Il sort.*)

SCENE XII.

GILLES.

VOILA ce qui s'appelle un vrai tour d'amoureux.... Je verrai à faire remettre ma lettre : mais voyons d'abord Arlequin pour la composition du journal ; c'est l'essentiel.

SCENE XIII.

ARLEQUIN, GILLES.

ARLEQUIN, *à part.*

IL ne sait rien faire : commençons par le charger de la besogne.

B 4

GILLES.

Ah ! te voilà , mon cher Arlequin ; je suis certaine‑
ment très-content de ta rédaction ; mais, pour dieu ,
mon ami, de la prudence !.... tu dis trop de mal de la
pièce nouvelle ; un auteur peut trouver cela mauvais....
On ne sait pas. . . .

ARLEQUIN.

Monsieur Gilles , il faut savoir parler vrai.

GILLES.

Je tremble.

ARLEQUIN.

Je conviens que votre état est périlleux , et que les
propriétaires sont exposés tous les jours à se faire assom‑
mer.... Mais dussé-je vous mettre tous les mauvais au‑
teurs à dos.... je prétends....

GILLES.

Quelle extravagance !

AIR : *Le cœur de mon Annette.*

Un imprudent qui fronde
Payè cher son esprit :
En flattant tout le monde ,
On se met en crédit ;
Et c'est ainsi
Qu'on peut toujours s'épargner du souci.

ARLEQUIN.

Ainsi , à votre compte.

AIR : *Accompagné de plusieurs autres.*

Il faut imiter, je comprends,
Ces journalistes fort prudens,
Qui, passant pour de bons apôtres,
Flatteurs honnêtes et polis,
N'ont jamais donné leur avis,
Sans songer à celui des autres.

Du reste, si vous avez peur , vous n'avez rien à crain‑
dre pour aujourd'hui ; le journal n'est pas fait, et ce n'est
pas moi qui le ferai.

GILLES.

Pourquoi?

ARLEQUIN.

Je suis triste.

AIR: *Du Vaudeville des deux Veuves.*

Vous savez qu'un lecteur prétend
Qu'avant tout on le fasse rire;
Et pour lui plaire, il faut souvent
L'amuser, plutôt que l'instruire.
Or, j'ai des vapeurs aujourd'hui,
C'est là l'obstacle qui m'arrête:
On a peur d'inspirer l'ennui
Quand on a du noir dans la tête.

GILLES.

Mais comment ferai-je?

ARLEQUIN.

Comme je fais quand vous ne faites rien.

GILLES.

Allons donc.... Moi, faire un journal!.... Mais sais-tu que c'est très-difficile?

ARLEQUIN.

Il faut beaucoup de connaissances.

GILLES.

Pour des connaissances, je n'en ai pas mal, et qui s'abonneront.

ARLEQUIN.

Celles-là sont très-utiles; mais je parle de la science.... il faut savoir rajeunir les nouvelles, les tourner, les arranger, leur donner un air de vraisemblance, combiner les événemens, les dates: voilà le talent; allons!....

GILLES.

Je ne sais rien de neuf.

ARLEQUIN.

Eh bien, on invente, on prend des villes, on gagne des batailles, on fait marcher les armées, on annonce la conquête des Pays-Bas , la prise de Mantoue , et puis mille autres petites nouveautés....

AIR : *De la Pipe de tabac.*

A Paris on date de Londre
Le grand renvoi de monsieur Pitt.
Par soi-même on se fait répondre
A des lettres que l'on s'écrit ;
On s'attaque pour se défendre,
Par-tout on extrait de l'esprit,
Et l'on a grand soin de répandre
Les *on dit* qu'on n'a jamais dit.

GILLES.

Tu ne peux donc rien faire aujourd'hui ?

ARLEQUIN.

Non.

GILLES.

Eh bien, heureusement voici monsieur Balourd qui va nous tirer d'affaire , et qui nous apporte des morceaux.

ARLEQUIN, *à part.*

Oui , oui, tu crois ? ah ! tu vas voir.

SCENE XIV.

ARLEQUIN, GILLES, BALOURD.

GILLES.

QUE nous apportez-vous , monsieur Balourd ?

BALOURD.

Dix pages.... C'est long.... mais c'est beau.

GILLES.

Imprimons vite !

ARLEQUIN.

Un moment.

BALOURD.

Prenez lecture.

GILLES, *montrant Arlequin.*

Donnez à monsieur, qui a un très-bel organe.

ARLEQUIN.

Je suis trop enroué.

GILLES.

Lis à mi-voix.

ARLEQUIN.

J'ai mal aux yeux.

BALOURD, *à Gilles.*

En ce cas, lisez....

GILLES.

(*A part.*) Faisons semblant.... Voyons. (*Il épelle à l'envers.*)

BALOURD.

Lisez haut.

ARLEQUIN.

Je n'entends point.

GILLES.

Le taquin!...J'ai parcouru....C'est gentil....

BALOURD.

Gentil!....

ARLEQUIN.

Ah! gentil! un morceau de M. Balourd.... c'est trop long.

GILLES.

Il y en aura pour deux fois.

ARLEQUIN.

C'est égal.

GILLES.

Otons la fin.

BALOURD.

Oter mon dénouement!

ARLEQUIN.

Ça ne se peut pas....

GILLES.

Alors ôtez le commencement.

BALOURD.

Y pensez-vous ? Commencer, finir par le milieu ; mais ça n'a pas d'exemple.

ARLEQUIN.

Pardonnez-moi ; on a fait tant de choses qui n'avaient ni queue ni tête.... Mais ça n'est pas une raison pour ôter votre fin et votre commencement : j'aimerois mieux ôter tout.

BALOURD.

Je vois que ce morceau ne vous convient pas ; je vais vous donner de la poésie, un distique.

GILLES.

Qu'est-ce que c'est que ça ?

BALOURD.

Un poëme en deux vers.

ARLEQUIN.

C'est de l'épique.

BALOURD.

Ecoutez....

Que la reconnaissance a d'invincibles droits
Sur les cœurs... francs, bons, doux... hauts, purs, vifs... chauds et droits.

Hein !....

GILLES.

Il n'y a que ça.

ARLEQUIN.

Dites que c'est trop court.

GILLES.

Si l'on pouvait allonger un peu les vers.

BALOURD.

Allonger mes vers !....

GILLES.

C'est que ça ne fera que deux lignes , et je voudrais que ça fasse au moins un quatrain.

BALOURD.

Vous ne voulez donc pas de mes deux vers ?

ARLEQUIN.

Vous voyez bien que M. Gilles les trouve trop courts.

BALOURD.

Trop longs, trop courts , point de commencement, point de fin : vous moquez-vous de moi ?

GILLES.

Il se met en colère.

ARLEQUIN.

Je vais arranger ça.... ne vous emportez pas.... M. Gilles n'a voulu que s'amuser.

BALOURD.

S'amuser à mes dépens.

GILLES.

Parle-lui donc ?

ARLEQUIN.

Soyez tranquille.... Monsieur, il est bien fâché d'avoir trouvé votre ouvrage médiocre.... C'est qu'il a le goût comme ça.

BALOURD.

Médiocre, moi ! me trouver médiocre !....

GILLES.

Il se fâche !

ARLEQUIN.

Attendez.... Monsieur, pardonnez, il le trouve tout-à-fait mauvais.... mais par politesse.....

BALOURD.

Comment, mauvais !... Apprenez, monsieur, que je

me soucie fort peu de votre jugement....que vous
n'êtes pas en état de m'apprécier !....

ARLEQUIN.

C'est vrai....

BALOURD.

Que vous êtes un ignorant.

ARLEQUIN.

C'est vrai....

BALOURD.

Un fat.

ARLEQUIN.

C'est vrai. Il faut bien dire comme lui....

GILLES.

Oui.

BALOURD.

Et que je saurai m'en venger....

GILLES.

Non....

BALOURD.

AIR : *La rigueur, le ton sévère.*

Ah ! morbleu, quelle impudence !
Et je pourrais souffrir en silence
Une pareille insolence ?
Morbleu ! non,
J'en veux avoir raison.

GILLES.

Mais permettez donc ?

BALOURD.

Bientôt, bientôt, ma vengeance
Prouvera,
Que de ma science
On fait plus de cas en France.
Ailleurs, oui, l'on m'imprimera.

(*Il sort.*)

SCENE XV.

ARLEQUIN, GILLES.

ARLEQUIN, *à part.*	GILLES, *à part.*
Ah! la bonne circonstance!	Quelle affreuse circonstance!
Il faut en profiter en silence;	Comment faire !... De cette offense
Car il croit que de l'offense,	Il voudra, dans sa vengeance,
Tout de bon,	Tout de bon,
Il veut avoir raison.	Me demander raison.

ARLEQUIN, *à part.*

Profitons de sa frayeur, et courons donner le mot aux Colporteurs et aux autres....

(Il rentre.)

SCENE XVI.

GILLES, *seul.*

MONSIEUR Arlequin, avec votre obstination à ne pas lire, voyez.... Oh ciel! il est parti, rien de fait! un auteur en colère! ma personne en danger!.... Où sera-t-il allé? Vite, cherchons-le : il faudra bien qu'il travaille....

(Il sort par le fond.)

SCENE XVII.

ARLEQUIN, LE PROTE, L'IMPRIMEUR, LE COLPORTEUR.

ARLEQUIN.

Monsieur l'Imprimeur, monsieur le Prote ; et toi, mon ami, vous voulez donc bien me servir?...

TOUS TROIS.

Certainement.

L'IMPRIMEUR.

Il me chicane toujours pour la dépense.

LE PROTE.

Moi, pour l'impression.

LE COLPORTEUR.

Moi, pour la recette.

ARLEQUIN.

AIR : *Si vous pouviez lui faire quelque pièce.*

Vous ferez donc tout ce qu'il faudra faire ?

LE PROTE.

Qui mieux que nous, monsieur, peut vous servir ?

L'IMPRIMEUR.

Un Imprimeur est homme à caractère.

LE COLPORTEUR.

Un Colporteur est homme à bien mentir.

ARLEQUIN.	LES TROIS.
Je crois pouvoir, s'ils y mettent du zèle,	De notre part, s'il ne faut que du zèle,
Dans mes projets, dès ce soir, réussir.	Dans vos desseins, vous allez réussir.

L'IMPRIMEUR.

De mon talent je donnerai des preuves.

LE

LE COLPORTEUR.

Pour plus d'un jour je saurai l'effrayer.

LE PROTE.

Un Prote est fait à faire des épreuves,
Et vous verrez si je sais mon métier.

ARLEQUIN.	LES TROIS.
Puisque je puis compter sur votre zèle, Me voilà donc certain de réussir.	Comptez sur nous, à vos leçons fidèles, D'attraper Gille, on se fait un plaisir.

(Les trois sortent.)

SCENE XVIII.

ARLEQUIN, DELPHINE.

DELPHINE, *entr'ouvrant la porte.*

EH bien !

ARLEQUIN.

Viens.

DELPHINE.

Quel est ton projet ?

ARLEQUIN.

Je vais devenir le propriétaire.

DELPHINE.

Vrai?...

ARLEQUIN.

Tu sauras tout..... L'heure presse; il faut bien vite
que j'extraye tout ces papiers pour faire la feuille...

DELPHINE.

Que de lettres !

ARLEQUIN.

En voilà de tous les pays.

C

DELPHINE.

Et tu reçois tout cela ?

ARLEQUIN.

Il le faut bien.

AIR : *Courons de la brune à la blonde.*

Chaque journaliste habile,
En tous lieux a des agens.
On écrit de chaque ville
Par des couriers diligens.
Tous les jours en très-bon style
Les dépêches de Strasbourg,
Bâle, Madrid, Naples, Lille,
Rome, Bourg,
Philisbourg,
De Luxembourg,
Magdebourg,
Pétersbourg,
De Fribourg,
De Louisbourg,
De Hambourg,
De Limbourg.
D'Edimbourg
Et d'Ausbourg
Arrivent à la file.

DELPHINE.

Un journaliste est donc un homme universel ?

ARLEQUIN.

Il a des correspondances par-tout.....D'abord.....

AIR : *Cet arbre arrivé de Provence.*

Correspondances littéraires
Avec messieurs les gens d'esprit;
Puis, avec messieurs les libraires,
Correspondance de profit.

DELPHINE.

En voilà de bonnes.

ARLEQUIN.

Voici les mauvaises.

Correspondance d'écritures ,
Mais non d'esprit avec les sots ;
Puis correspondances d'injures
Avec la plupart des journaux.

Nous avons aussi des livres à annoncer. Tiens : voilà un nouveau roman dont il faudra faire l'analyse.

DELPHINE.

J'espère au moins qu'il ne ressemble pas à ces nouveaux romans anglais , si noirs .... si effrayans ....

ARLEQUIN.

Ah ! ne m'en parle pas , ils me font encore peur ! ...

DELPHINE.

AIR : *Mon père.*

Dis-moi pourquoi tous ces romans
N'offrent que tableaux sombres ,
Des monstres et des revenans ,
Des sorciers et des ombres ,
Spectres ambulans ,
Fantômes sanglans
Et démons effroyables ? ...

ARLEQUIN.

C'est que leurs auteurs
Et leurs traducteurs
Ont de l'esprit en diables.

Voici maintenant des articles communiqués , où mettrons-nous cela ? .... Voyons .... *Dissertation sur les fortunes !* ...

DELPHINE.

C'est tout simple : à l'article *Changement de domicile.*

ARLEQUIN.

Et ce petit traité sur les *Opinions.*

DELPHINE.

Oh ! cela va de droit à l'article *Variétés.*

ARLEQUIN.

Ce morceau sur les *Ecrivains du jour.*

C 2

DELPHINE.

Article *Mélange.*

ARLEQUIN.

Oh ! pour cet *Essai sur la Morale et l'Innocence,* je le placerai aux *Effets perdus.... Récompense honnête à qui en donnera des renseignemens.*

DELPHINE.

Tu penses donc bien mal de notre siècle ?....

ARLEQUIN.

Oh ! il n'y a pas de quoi.... Tiens , voilà une jeune personne qui me prie de l'afficher pour avoir un mari.

DELPHINE.

Bon moyen !

ARLEQUIN.

Excellent....

AIR : *De l'Afficheur.*

Plus d'une Grecque d'aujourd'hui,
Par sa conduite peu cachée,
Tout en affichant son mari,
Depuis l'hymen s'est affichée.

Après l'hymen , encore passe !....

Mais fille qui s'en va cherchant
Epoux qui, sous ses lois, s'engage,
N'en trouve guère en s'affichant
Avant le mariage.

Ah ! ceci est un article sur un certain bal d'hier....

DELPHINE.

Quoi ! vas-tu, comme tant de journalistes, dire aussi du mal des femmes, les attaquer pour un rigodon, un menuet, un balancé ?...

ARLEQUIN.

Oh ! ce ne serait pas poli....(*Il déchire.*) Et puis je les aime trop pour cela....

DELPHINE.

Cette raison-là ne vaut rien.

AIR : *De l'Isle des femmes.*

Tour-à-tour détracteurs, amans ;
Les hommes nous placent sans cesse
Entre la critique et l'encens,
Entre la haine et la tendresse.
Messieurs, suivez donc mieux nos loix,
Abjurez vos plaintes frivoles ;
Et, par respect pour votre choix,
Ne maltraitez pas vos idoles.

ARLEQUIN.

Ne crains pas qu'un sexe charmant
Soit l'objet de mes épigrammes ;
On doit attaquer le méchant ;
On ne doit que chanter les femmes.
Pour les sots et les intrigans,
Pour tous les amis du désordre,
Je réserve mes traits piquans,
Et j'ai bien assez de quoi mordre.

Il faut que je fasse encore un petit article *Spectacle ;*
car j'ai vu jouer hier Contat.....

DELPHINE.

Ah ! je te conçois,....

AIR : *J'ai vu par-tout dans mes voyages.*

Contat, sur la scène embellie,
Nous surprend par son jeu parfait ;
Et, confidente de Thalie,
Trahit et garde son secret.
Toujours d'une vaine imposture,
Méprisant l'éclat emprunté,
Elle a su faire à la nature
Le larcin de la vérité.

ARLEQUIN.

Voilà encore des morceaux qu'il faudrait mettre en
mille morceaux. Il sera impossible de tout insérer.....
Mais j'apperçois Gilles : rentre, et sois tranquille... Un
petit baiser.

DELPHINE.

Ça ne se demande pas....

ARLEQUIN.

Tu as raison, ça se prend.... Ah ! M. le poltron !
M. l'ignorant ! M. l'avare ! M. l'amoureux !....

SCENE XIX.

ARLEQUIN, GILLES.

GILLES.

Enfin je te retrouve. Songe donc à mon embarras. Si tu ne fais rien, le journal tombe.

ARLEQUIN, *à part.*

Voici le Prote : faisons venir les autres.... Travaillez; serviteur.

GILLES.

Tu sors ! Et M. Balourd, s'il revient ?

ARLEQUIN.

Travaillez.....

GILLES.

Mon dieu ! mon dieu !

SCENE XX.

LE PROTE, GILLES.

LE PROTE.

Monsieur.

GILLES.

Quoi !

LE PROTE.

Air : *Fillette, Fillette.*

Bien vite, bien vite,
J'accours tout de suite,

Chercher quelque morceaux piquans ;
De prose , de prose ;
C'est bien peu de chose
Pour votre esprit, pour vos talens.
J'attends de vous un chef-d'œuvre insigne ;
Car ; en faisant *l'Original* ,
Vous vous êtes toujours ; oui, toujours rendu digne
Du titre , du titre de votre *journal.*

GILLES.

Tu n'as rien ?

LE PROTE.

Rien.

GILLES.

Et il en faut bien long....

LE PROTE.

Tout le journal.

GILLES.

Comment faire ?.... J'irai tout-à-l'heure vous porter la copie....allez.

LE PROTE.

Hâtez-vous ?.... Bon, le voilà bien embarrassé !

GILLES.

Allons , j'irai trouver un de mes amis qui me fera quelques articles.... A l'autre , voici l'Imprimeur....
Que voulez-vous ?....

SCENE XXI.

GILLES, L'IMPRIMEUR.

L'IMPRIMEUR.

DE l'argent?

GILLES.

Je n'en ai pas....

L'IMPRIMEUR.

Il m'en faut....

GILLES.

Combien ?

L'IMPRIMEUR.

Quinze cents francs.

GILLES.

C'est trop....

L'IMPRIMEUR.

Voilà le compte.

GILLES.

Arrangeons-nous....

AIR : *Savez-vous l'astrologie ?*

Je vous donne tout de suite
Deux cents francs.

L'IMPRIMEUR.

Non, non.

GILLES.

Quoi ! non.

L'IMPRIMEUR.

Non, non.

GILLES.

Quoi ! non.

L'IMPRIMEUR.

Non, non.

GILLES.

De grace, tenez-moi quitte
Pour le quart !

L'IMPRIMEUR.

Non, non.

GILLES.

Quoi ! non.

L'IMPRIMEUR.

Non, non.

GILLES.
Quoi! non.

L'IMPRIMEUR.
Non, non.

ENSEMBLE.
Mettez-vous à la raison? (*bis*.)

GILLES.
En ce cas-là, je vous donne
Les deux tiers.

L'IMPRIMEUR.
Non, tout.

GILLES.
Quoi! tout.

L'IMPRIMEUR.
Oui, tout.

GILLES.
Quoi! tout.

L'IMPRIMEUR.
Oui, tout.

GILLES.
Mais tant de rigueur m'étonne!
Les trois quarts!

L'IMPRIMEUR.
Non, tout.

GILLES.
Quoi! tout.

L'IMPRIMEUR.
Oui, tout.

GILLES.
Quoi! tout.

L'IMPRIMEUR.
Oui, tout.

GILLES.
Non, non, vous n'aurez pas tout.

L'IMPRIMEUR.

Je prétends bien avoir tout.

GILLES.

Rabattez un peu....

L'IMPRIMEUR.

Je veux tout.

GILLES.

Vous aurez tout.

L'IMPRIMEUR.

Et de plus....

GILLES.

Encore !....

L'IMPRIMEUR.

Il me faut des avances.....Encore autant !

GILLES.

Je n'ai pas mille écus.

L'IMPRIMEUR.

Cherchez-les....

GILLES.

Jugez....

L'IMPRIMEUR.

Mille écus !....

GILLES.

Considérez....

L'IMPRIMEUR.

Mille écus !...

GILLES.

Quoi ! vous voulez....

L'IMPRIMEUR.

Mille écus ?....

GILLES.

Donnez-moi....

L'IMPRIMEUR.

Mille écus?....

GILLES.

Du temps?....

L'IMPRIMEUR.

Une heure.

GILLES.

Huit jours!....

L'IMPRIMEUR.

Non.

GILLES.

Au moins....

L'IMPRIMEUR.

C'est dit.

GILLES.

Songez !

L'IMPRIMEUR.

Adieu.... (*Il sort.*)

GILLES.

Mille écus! mille écus! Allons, je ferai un dernier effort; mais je n'abandonne pas mon journal....

SCENE XXII.

GILLES, LE COLPORTEUR.

LE COLPOLTEUR.

Monsieur!

GILLES.

M'apportes-tu des espèces ?

LE COLPORTEUR.

Non, et vous me voyez bien triste.

GILLES.

Tu sais ce qui m'arrive

LE COLPORTEUR.

Il faut de la bravoure.

GILLES.

Non, c'est de l'argent.

LE COLPORTEUR.

Ah! c'est que vous ne savez pas.... Laissez-moi
vous pleurer d'avance.

GILLES.

Qu'as-tu?

LE COLPORTEUR.

Un si joli garçon!

GILLES.

Je le sais.

LE COLPORTEUR.

A la fleur de son âge.

GILLES.

Trente ans....

LE COLPORTEUR.

Qui a de quoi vivre!

GILLES.

Quinze mille francs de fonds.

LE COLPORTEUR.

Et mourir!

GILLES.

Que dis-tu?

LE COLPORTEUR.

Je veux vous accompagner.

GILLES.

Où?

LE COLPORTEUR.

Jusqu'à l'endroit fatal.

GILLES.

Quel endroit ?

LE COLPORTEUR.

Je vous apporte un cartel.

GILLES.

De qui?....

LE COLPORTEUR.

D'un auteur.

GILLES.

Pour qui ?

LE COLPORTEUR.

Pour vous....

GILLES.

Gageons que c'est de M. Balourd.

LE COLPORTEUR.

Juste.

GILLES.

Ah ! malheureux Arlequin, voilà ce que tu m'attires...
Je ne me bats pas.

LE COLPORTEUR.

Il vous tuera tout de même.

GILLES.

Alors je me battrai.

LE COLPORTEUR.

Il vous tuera encore.

GILLES.

En ce cas-là je ne me battrai pas.

LE COLPORTEUR.

Vous ne pouvez pas l'échapper. Il veut vous tuer,
n'importe comment.

GILLES.

Lis donc.

LE COLPORTEUR.

A monsieur le propriétaire de l'Original.

GILLES.

L'Original !.... c'est bien moi !

LE COLPORTEUR.

Monsieur, vous avez trouvé ma prose trop longue, mes vers trop courts: en conséquence de quoi, vous m'en rendrez raison ce soir au bois de Boulogne, où j'aurai l'honneur d'être, et de vous tuer.... *Balourd.*

GILLES.

Tu crois donc que j'en mourrai ?

LE COLPORTEUR.

Il ne se bat jamais sans tuer son homme.

GILLES.

Eh bien ! Arlequin se battra.

LE COLPORTEUR.

Il ne veut pas se battre avec Arlequin.

GILLES.

Mais Arlequin est le rédacteur.

LE COLPORTEUR.

Vous voyez qu'il en veut au propriétaire, et je ne vois qu'un moyen ; c'est d'en faire tuer un autre à votre place.

GILLES.

Eh bien ! veux-tu ?

LE COLPORTEUR.

Moi !

GILLES.

Pour de l'argent....

LE COLPORTEUR.

Ce n'est pas ça.... M. Balourd ne veut se battre qu'avec le propriétaire.... Donnez vite votre propriété à quelqu'un. M. Balourd viendra, et c'est celui-là qui se battra.

GILLES.

Tu as raison, tu me sauves la vie.

LE COLPORTEUR.

Dépêchez-vous, il sera ici dans deux heures.

SCENE XXIII.

GILLES, *seul.*

Je n'aurai pas le tems de chercher un autre acheteur.... Vendons mon journal à Arlequin.... Je serais pourtant fâché que ce pauvre Arlequin fût tué.... Mais c'est prévu ; il est adroit, il tuera M. Balourd, et je serai vengé.... Mettons-y mon adresse ordinaire, et faisons-le donner dedans, en tâchant de ne pas tout perdre....

SCENE XXIV.

ARLEQUIN, GILLES.

ARLEQUIN.

Eh bien, M. Gilles, avez-vous pensé à ce que vous feriez ?

GILLES.

Oui.

ARLEQUIN.

Que faites-vous ?....

GILLES.

Rien ; mais j'ai réfléchi que je ne sais pas travailler. Je te suis considérablement attaché, et je veux faire ta fortune.

ARLEQUIN.

Comment ?....

GILLES.

Je te donne ma propriété.

ARLEQUIN.

Vous me donnez!...

GILLES.

Je te vendrai bon marché.

ARLEQUIN.

Ah ! c'est comme ça que vous donnez.

GILLES.

Nous traiterons.

ARLEQUIN.

Je n'achète point.

GILLES.

Qu'est-ce qui t'effarouche?

ARLEQUIN.

Un propriétaire répond de tout.

GILLES.

Mais le rédacteur aussi.

ARLEQUIN.

Jamais.... Il faut de l'argent, le propriétaire paye ;
un auteur se fâche, le propriétaire répond.... L'auteur
se fâche encore, le propriétaire doit se fâcher; on l'in-
sulte, il faut se battre; il se met en garde, il est tué.

GILLES.

Mais si le propriétaire tue l'auteur , comme tu es
adroit.

ARLEQUIN.

Il est pris.

GILLES.

Tué ou pris.

ARLEQUIN.

Il n'y a que ces deux manières-là de se tirer d'affaire.

GILLES.

GILLES.

Mais quand il est pris?

ARLEQUIN.

Les duels sont défendus.... Enfermé.

GILLES.

Vrai!

ARLEQUIN.

Pour le reste de ses jours.

GILLES.

Oh! mon dieu!

ARLEQUIN.

Sur la paille.

GILLES.

Est-il possible?

ARLEQUIN.

Au pain et à l'eau.

GILLES.

Quelle barbarie!

ARLEQUIN.

Dans un cachot....

GILLES.

Ciel!

ARLEQUIN.

A vingt pieds sous terre.

GILLES.

Miséricorde!

ARLEQUIN.

Et quand il sort?

GILLES.

Quoi!

D

ARLEQUIN.

Aux galères.

GILLES.

Aux galères !

ARLEQUIN.

Une chaîne aux pieds.

GILLES.

Ah !

ARLEQUIN.

Un grand aviron de cinquante pieds de long à la main.

GILLES.

Si long que ça !

ARLEQUIN.

Puis des coups de bâtons.

GILLES.

(*A part.*) Je n'y tiens plus, je veux vendre mon journal. (*Haut.*) Je ne crains certainement pas tout cela.... Mais rends-toi, mon cher Arlequin !

ARLEQUIN.

Je n'ai point d'argent.

GILLES.

Je te ferai crédit.

ARLEQUIN.

Je ne veux point le payer.

GILLES.

Je te le donne.

ARLEQUIN.

Je le prends.

GILLES, *à part.*

Comme il gobe ça !

ARLEQUIN, *à part.*

Je le tiens.

GILLES.

Passons le marché....

ARLEQUIN.

Sur-le-champ.

GILLES.

Je vais te chercher tout ce qu'il faut.... (*à part.*) Point d'ouvrage à faire, point d'argent à donner, point d'auteur à craindre, marché d'or...

SCENE XXV.

ARLEQUIN, DELPHINE.

ARLEQUIN.

M A chère Delphine, je triomphe ; je suis le propriétaire.

DELPHINE.

Déjà !.... Voici mon père, je descends.

SCENE XXVI.

ARLEQUIN, GILLES.

GILLES.

VOILA tout.

ARLEQUIN.

Je suis prêt....

GILLES.

Ecris.

AIR : *Enivré du brillant poste.*

Moi, Gilles ! propriétaire
De l'Original, journal
Politique, littéraire,
Economique et moral ;
J'en déclare titulaire
Arlequin le rédacteur ;
Ce matin mon secrétaire,
Et ce soir mon successeur.

As-tu mis ?

ARLEQUIN.

C'est fait.

GILLES.

Une petite clause.

ARLEQUIN.

Quoi !

GILLES.

Tu peux mourir, on ne sait pas ce qui peut arriver...
Ecris.

AIR : *Nous sommes précepteurs d'amour.*

Si tu t'en allais le premier,
Chose dont n'est exempt personne,

Je redeviendrai l'héritier
De mon journal que je te donne.

ARLEQUIN.

C'est juste.

GILLES, *à part.*

De cette façon, comme il peut être tué ce soir, je
n'y perdrai rien... En foi de quoi, j'ai souscrit, moi,
Jean Gilles.

AIR : *De la gamme.*

Homme-de-lettres, champenois,

ARLEQUIN.

Lequel ne sachant pas écrire,

Suivant l'usage a fait sa croix.

Signez....

GILLES, *à part.*

Il ne sait pas ce qu'il risque.

ARLEQUIN, *à part.*

Il ne sait pas ce qu'il perd.

GILLES.

Maintenant il faut que je m'occupe de faire remettre
une lettre à ma maîtresse.

ARLEQUIN.

Son nom!...

GILLES.

Delphine....

ARLEQUIN.

La Ronde?

GILLES.

Juste. La voici; je me déclare. Mademoiselle, je
Quve donc l'instant propice ousque....

D 3

SCENE XXVII.

ARLEQUIN, DELPHINE, GILLES.

DELPHINE.

LAISSEZ-MOI!

GILLES.

Lisez au moins cette lettre.

ARLEQUIN.

Prends : nous en saurons faire usage.

GILLES.

Elle la prend, signe explicatif du feu caché qu'elle montre pour moi. Justement voici le père.

SCENE XXVIII.

ARLEQUIN, DELPHINE, GILLES, LA RONDE.

LA RONDE.

QUOI! mademoiselle, avec M. Arlequin!

ARLEQUIN.

Monsieur!....

GILLES.

Monsieur....

LA RONDE, *à Gilles.*

Encore un poulet.

GILLES.

Chut... Je viens vous proposer un joli marché pour vous et votre fille. Un mari !... Moi !

LA RONDE.

Et la maîtresse de tantôt.

DELPHINE.

Il ne sait seulement pas écrire.

LA RONDE.

Vous ne savez pas écrire ?

DELPHINE.

Je le prouve par cette lettre qu'il vous dicta pour moi, en vous trompant indignement.

LA RONDE.

Mais c'est horrible.

GILLES.

Ce n'était qu'une plaisanterie.

ARLEQUIN.

M. La Ronde, je viens pour vous proposer un autre mari.

LA RONDE.

Sait-il écrire ?

DELPHINE.

Le propriétaire du journal.

LA RONDE.

Je suis charmé de voir que tu te rends à mes intentions, et dès que j'aurai vu M. le journaliste....

ARLEQUIN.

Le voilà.

LA RONDE.

Vous, Arlequin!....

ARLEQUIN.

Oui, monsieur.

GILLES.

Bah! il n'a rien....

ARLEQUIN.

Et le journal?....

GILLES.

Bénéfice en l'air; il n'est pas fait, et il va tomber.

SCENE XXIX.

LES PRÉCÉDENS, LE COLPORTEUR, LE PROTE, L'IMPRIMEUR.

LE PROTE.

VOILA la feuille toute imprimée pour demain.

GILLES.

Il avait fait le journal.... C'est égal, il faut qu'il donne mille écus dans une heure, et il n'a pas le sou.

L'IMPRIMEUR.

Je lui fais crédit.

GILLES.

Quoi!... c'est encore égal, il va être tué en duel ce soir.

DELPHINE.

Que dites-vous?

LE COLPORTEUR.

C'est un conte que je vous ont fait.... M. Balourd ne se bat pas.

GILLES.

Je crois que je suis attrapé !

ARLEQUIN.

Oui. ... mais laissez-moi épouser Delphine, et je vous rendrai votre propriété.

GILLES.

Ce n'est que ça !.... elle ne m'aime pas. Je te pardonne ; épouse.

ARLEQUIN.

Vous qui êtes le papa de Delphine , puisque je suis le journaliste, vous voulez donc bien devenir le mien ?

LA RONDE.

J'y consens ; et je suis sûr que l'on dira par-tout, La Ronde ne s'est pas mésallié.

ARLEQUIN, DELPHINE.

Le bon père !....

VAUDEVILLE.

DELPHINE.

Chez nous plus que par-tout ailleurs, La mode exer-

ce sa puis-sance. Nos goûts, nos ha-bits et nos mœurs Sont sou-

mis à son in-flu-en-ce, Sont sou-mis à son in-flu-en-

ce. Que d'autres, par lé-gère-te, De l'a-mour fa-ti-guent

les ai-les. Nous, met-tons la fi-dé-li-té Au nom-bre

des mo-des nou-vel-les, Au nombre des mo-des nou-vel-

les.

GILLES.

En poëtes, vrais inventeurs,
La France n'est pas très-féconde ;
En beaux-esprits imitateurs,

De tous les côtés elle abonde.
Aussi combien d'auteurs nouveaux,
En gâtant les anciens modèles,
Replacent de mauvais bons mots
Dans de vieilles pièces nouvelles.

LE COLPORTEUR.

Pour faire briller son esprit,
Un critique par trop sévere,
Bien souvent, à ceux qu'il poursuit,
Reproche un tort imaginaire.
Si nous avons chargé les traits
Des journalistes, nos modèles,
Ne croyez pas à nos portraits
Plus qu'on ne croit à leurs nouvelles.

ARLEQUIN, *au Public.*

De chaque ouvrage qui paraît,
Soit qu'il tombe ou qu'il réussisse,
Au public je dois un extrait,
Envers lui c'est-là mon office.
Nous touchons à l'instant fatal,
Accueillez cette bagatelle,
Afin que demain mon journal
Puisse en donner bonne nouvelle.

FIN.

A PARIS, de l'Imprimerie rue des Droits-de-l'Homme, N°. 44.

www.ingramcontent.com/pod-product-compliance
Lightning Source LLC
LaVergne TN
LVHW022023080426
835513LV00009B/847